风是一个坏小孩

何腾江　著

科学普及出版社
·北　京·

图书在版编目（CIP）数据

风是一个坏小孩 / 何腾江著 .—北京：科学普及出版社，2012．5
ISBN 978-7-110-07757-3
Ⅰ．①风…　Ⅱ．①何…　Ⅲ．①科学知识—少儿读物　Ⅳ．① Z228.1

中国版本图书馆 CIP 数据核字（2012）第 086769 号

选题策划　杨虚杰
责任编辑　杨虚杰　张雯鑫
封面设计　李　丽
责任校对　韩　玲
责任印制　李春利

出版发行　科学普及出版社
地　　址　北京市海淀区中关村南大街 16 号
邮　　编　100081
发行电话　010-62173865
传　　真　010-62179148
网　　址　http：// www.cspbooks.com.cn

开　　本　635mm×965mm　1/12
字　　数　130 千字
印　　张　10.5
印　　数　1—5000 册
版　　次　2013 年 1 月第 1 版
印　　次　2013 年 1 月第 1 次印刷
印　　刷　北京鑫益晖印刷有限公司

书　　号　ISBN 978-7-110-07757-3/Z · 193
定　　价　24. 80 元

目录

积木城

把横木当梁　把板砖当柱
我在建造一座座房子
花儿开在院门口　蜜蜂飞到花园里
春天会是绿色的盛宴　冬天会是白色的狂欢节

没多大的工夫　房子拔地而起
两房一厅也有　三房一厅也有
房价便宜如白菜　还不用限购
我的客户　全是福利院的小朋友

把客厅当海洋　把书房当港口
那里是城市　也是乡村
灯火通明　船来船往
海浪起伏有致　港湾温暖如妈妈的怀抱

有一条船进来　从福利院开过来的
有一条船出去　前往福利院去慰问
孩子们都是水手　正在歌唱呢
你让让我　我避避你　港口也不显得拥挤

科学莎士比亚

积木很奇妙，简单的三角形和四边形可以组合成复杂壮观的城堡。同样奇妙的可不只是积木：英文 26 个字母，可以变出几十万个单词；一粒粒的珍珠，可以串成美丽的项链。一件件普通的小事，认真做好，可以成就伟大的事业；一个个平凡的日子，用心填充，可以收获辉煌的人生。积木就在你手中，你想把它们变成什么呢？

恐龙

恐龙应该还活着
它走路那么快
上学可以搭它们的顺风车
路上堵了　它还可以飞
保证不迟到

恐龙应该还活着
它住在城市里
那一座靠近星星的高楼
就是它的家

恐龙应该还活着
小区应该建容得下它的动物园
否则它会孤单
星星又听不懂它的话

恐龙应该还活着
轮船应该适应它乘坐　免费的
十字路口应该方便它游行　没有车祸
餐厅老板还应该提供它的菜谱　绿色的

恐龙应该还活着
大家与它生活在一起
永远很安全
永远很快乐

科学莎士比亚

几千万年以前，统治地球的并不是人类，而是恐龙，它们统治地球的时间比人类长得多。恐龙有的生活在陆地上，有的生活在海洋中，有的在天空中飞翔。最大的恐龙，相当于十几只大象，小的恐龙像只大公鸡。恐龙有的吃动物，有的吃植物，也有的动物植物通吃。恐龙的性情也不一样，有的像鳄鱼一样凶恶，有的像小羊一样温顺。恐龙的宝宝是恐龙蛋，小恐龙会破壳而出。后来，地球上生存环境恶化，恐龙灭绝了。现在人类是世界的主宰，我们的地球只有一个，爱护我们的家园吧。

北斗星

我妈生我七姊妹
我们都是夜行爱好者
在北天
我们都是听话的好孩子

有一天，我们齐齐上体育课
老师哨声未响
我们已经排成队
只是体育老师还嚷嚷——
“站直了，对齐了……”
嚷了半天，体育老师皱皱眉——
“这家的孩子，咋排来排去，
都是一个斗勺队呢？”

科学莎士比亚

北斗七星挂在北面的夜空，属于大熊星座，随着春、夏、秋、冬四季的变换，它长长的勺柄分别指向东、南、西、北。如果你在夜里迷失方向，可以依靠北斗星的指引找到回家的路。夜风吹来，群星璀璨，妈妈是否还在电脑前工作，爸爸是否还在灯下读书？请他们走出家门，和你一起看星星吧。

汽车

前轮后轮
不分你是哥我是弟
你上前　我上前
你向后　我向后
步调一致乐哈哈

左胎右胎
不分你是姐我是妹
你转左　我转左
你向右　我向右
方向一致笑呵呵

前轮后轮　左胎右胎
一家兄弟姐妹齐出发
加油　加油就前进
刹车　刹车就停止
安全第一谁都放个心

科学莎士比亚

观察一下汽车的轮胎，会发现它的表面有很多花纹，这些花纹的作用是增大汽车与地面间的摩擦力。再观察一下自己的鞋底，是不是也有很多花纹？这是为了增大人与地面间的摩擦力，与汽车轮胎上有花纹是同样的道理。汽车轮胎的外侧，有很小的三角符号，在三角符号指示处的花纹中，会有大约 1.6mm 的小突起，这叫轮胎磨损指示器，当你发现这个小突起已经被磨掉的时候，说明这只轮胎应该更换了，如果继续使用驾驶就容易发生危险。看看爸爸的汽车，检查一下轮胎是不是安全，就像当年爸爸检查你坐的婴儿车是否安全一样。

打电话

一只知了在这棵树上“喂——”一声
一只知了在那棵树上也“喂——”一声
它们在打电话呢
片片树叶是长长的电话线

也有忙音的时候
这棵树的许多知了都“喂——”着
那棵树的许多知了也“喂——”着
谁都争先恐后地“喂、喂、喂——”
“喂——”到夏天都来了
电话还是占线

科学莎士比亚

知了又叫蝉，有卵、幼虫、成虫三个阶段，成虫就是我们见到的蝉，其幼虫也可称若虫，其晚期破土而出，爬到植物上，成虫脱壳成蝉。因其若虫时期颜色为棕黄，故称“金蝉”，成语“金蝉脱壳”就来于此。蝉脱壳的过程有一个小时左右，在此阶段不能被干扰，否则这只蝉将终生不能飞行。成年雄蝉紧挨腹部的位置有鼓膜，可以发出非常大的声音。在炎热的夏季，每只蝉只顾自己鸣叫，而不想去倾听，结果就是非常刺耳的叫声。倾听，代表着谦虚好学，代表着对他人的尊重，让我们做一个懂得倾听的人吧。

萤火虫

城里的夜
有霓虹灯
还处处广告着什么
可要是
一下子停了电
什么都没有了
比乡下的夜
还黑

乡下的夜
黑是黑点
可萤火虫总不动声色
把乡下的梦
一下又一下地点亮
从来不怕
什么时候停电

科学莎士比亚

夏日黄昏的河边，成群结队的萤火虫发出黄色、红色、绿色的光，飞来飞去，如繁星点点。萤火虫发出的光是冷光，触到萤火虫是不会被烫伤的。萤火虫是爱美爱清洁的小精灵，喜欢生活在天蓝水绿芳草萋萋的地方。随着河流小溪被污染，萤火虫越来越少。这些美丽而又浪漫的萤火虫何时才能回到我们身边？

桥

一条钢筋
相遇了另一条钢筋
握握手
就成了好邻居

一群钢筋
相遇了另一群钢筋
握握手
就成了一座桥

这条钢筋朝对岸的那条钢筋喊：
“争口气哦，别让雨水弄坏了肩膀。”
那条钢筋也轰轰隆隆地叫：
“挺直了腰哦，别让超载的车轮压垮了桥。”

科学莎士比亚

走过一座桥，就跨过了奔腾的河水；走过一座桥，就跨过了滚滚的车流。桥可以帮我们跨越障碍，是因为它比障碍更高，而且留出了空间让障碍通过。你阻止了我，我腾空而起，不会阻止你，这就是桥。最早出现的是独木桥，用大树的树身横架在小河上。时光飞逝，桥也在发展。如今，山东省胶州湾大桥，比北京市二环路（32.7千米）还要长。站在桥头，放眼远眺，你可曾望穿这桥的胸怀？

树之祭

是一幅凋谢的风景画
嵌钉在土地的挂历上
是一枚凝重的惊叹号
抒写在诗人的诗篇里

曾经的葱茏蓬勃
曾经的欢言笑语
都已随风而起
消失在历史的记事本上

千疮百孔的躯干
向人们展示着——
岁月的沧桑
生命的传奇
现代人的悲哀
我用苍白无力的诗歌
祭祀你——
枯树

科学莎士比亚

世界上最古老的树已经活了几千年，它固守着脚下的土地，目睹岁月的流逝和世道的变迁。它须经受狂风、暴雨、雷电、山洪、干旱、虫害的洗礼，面对人类的威胁。树叶会在风雨中飘落，树根会在污水中腐烂，一棵古树就变成一棵枯树。如果你看到一条大路中间用围栏保护着一棵大树，那是人类对生命和历史的尊重。

河之泣

远去了
潺潺的水流声
远去了
嬉水的欢笑声

在被炎阳捏得龟裂的版面上
我的双眸里是一片失血的荒原
小河里灵动的鱼儿
如今成为太阳虔诚的祭祀品
红土上蓬勃的农业
如今也成为一种植物的标本

小河啊　为何
你一只眼　睁着
另一只眼　闭着

科学莎士比亚

水是生命之源，河流是大地的血脉，最初的人类依靠河流繁衍生息。黄河，养育了一代又一代的中华儿女，是中华民族的母亲河。可是，黄河的生态环境曾被非常严重地破坏，青山绿水变成了鱼虾绝迹及至断流干涸，以黄河为源头的小河流也随之枯竭。如今，我们已经意识到对母亲河的伤害，并发起了“保护母亲河”的大型公益活动，全国成千上万的青少年加入其中，共同担负起保护母亲河的重任。

鸟之惑

蔚蓝的天空
随着“砰”的一声枪响
倏地淌着汩汩的血流
溅湿了我苍白的诗稿

仰望苍穹
一只受伤的鸟儿
带着悸动的胆怯
斜掠而过　阵阵哀鸣
且悲　且壮

现代的文明人啊
你的枪口
为何还要对着我

科学莎士比亚

大部分鸟儿对人类都是有益处的，它们帮助人类消灭了许许多多的害虫，却不会像农药一样污染水源和土壤。世界上飞得最远的鸟是北极燕鸥，北极的冬天要到来时，它们就飞往南极。南极的冬天要到来时，它们又飞往北极。由于飞行并非沿直线，而是根据风向飞行，所以北极燕鸥每年的飞行距离比绕地球一圈还要多很多。当看到一只如此长途跋涉的小鸟时，谁忍心举起手中的猎枪呢？

榕树，榕树

一片又一片，连成一片片，
青翠的叶片，撑成太阳伞；
一根又一根，扎成一根根，
纠缠的根须，围成肥田地。
请你在叶片上舞蹈，请你在根须上歌唱；
片片叶片，根根根须，都是大地母亲温柔的抚慰。

科学莎士比亚

榕树和平时我们见到的杨树、柳树不同，它的树冠上会垂下带根的枝条（气生根）直达地面，并在土地里吸收营养，成长为这棵树另外的树身。诸多个枝条都落地生根并成为新的树身，远远望去，一棵树就像是一片小树林，所以称之为“独木成林”。我们每天有很多的新感悟、新知识、新经验，如果写在纸上，时常翻看，让它们生根、成长，就能形成属于我们自己的思想宝库。

木棉，木棉

四月的春天，春天的四月，
一棵又一棵木棉，像约好了一样，
绽放出含苞的花蕾，伸展出火红的花瓣，
千树万树，红花齐齐开，
告诉大家——
热血沸腾的时候，那就是英雄涌现的季节。

科学莎士比亚

木棉历来受到文人墨客的喜爱，被视为英雄的象征，为什么呢？因为木棉长得高大挺拔，并开有烈火般的大红花，一棵树就像一只燃烧着的大火炬，看起来威武雄壮，热情奔放，正好符合人们心目中英雄的形象。其实木棉树身的质地松软，与其铜枝铁干的外在形象并不相符，不适合承重，不能用来做房梁、房柱等。木棉的花和果实可作中药使用。木棉是风景树，但并不适合沿公路大量种植，落花时节它掉落的硕大花朵会严重影响汽车的行驶安全，如何清扫也是一个难题。

别让冬天跌得太疼

纷纷扬扬的
雪花
一颗
又一颗地落
只是为了掂一掂
地面的厚度
让
急匆匆坠落的
冬
不至于
跌得太疼

科学莎士比亚

不知你是否注意过，在雪地里摔倒和平时奔跑摔倒往往不太一样。平时摔倒是向前摔，容易擦伤手掌或碰破面部；在雪地里，大多是仰面摔倒，一下坐在地上，感到屁股很疼。这是为什么呢？因为平时摔倒的主要原因走路很快，脚下遇到障碍无法迈步，可上身无法立刻停下，所以向前摔倒。雪地里一般走不快，地面很滑，脚一落地就滑到前面去了，所以向后摔倒。

雪花妹妹

这个冬天　雪花妹妹
如约而来
穿一袭素雅的白裙
带给我一个惊喜

这个冬天　雪花妹妹
姗姗而至
挥一挥纤细的小手
赐给我一片诗意

这个冬天　雪花妹妹
高兴而来羞涩而去
还未等我的吻
留在她的脸蛋
便与冬风
跑开了
掉下
一个春天

科学莎士比亚

雪由水蒸气直接形成，不像冰是由液态水凝固形成。雪中的水分子按规则排列，组成非常美丽的图案。它是对称结构，有六个角，要比几何上的“六角形”要复杂许多，而且雪花之间也千差万别。放大镜下的雪花，有的是“六角星”，但每个角之间又长出“松叶”；有的是“六边形”，但是在每个角上又长出“小钢叉”。所以，要想知道真正的雪花是什么样子，就拿黑色的纸接住雪花用放大镜好好看一下。

城市的天空飞过一只小鸟

在我居住的城市里
常常飞过一只小鸟

一大早一大早
我站在我的阳台上
一大口一大口地呼吸
并不新鲜的新鲜空气
一个劲一个劲地朗诵
我的英语单词

那只小鸟那只小鸟
正好飞过我的阳台
它打着旋儿　它唱着歌儿
左瞧瞧　右看看
晶亮的晶亮的眼睛
眨动着眨动着
一阵一阵的悸动

我招一招我的小手
好想好想邀请那只小鸟
与我一起念单词
一起唱歌儿
一起看风景
我喊一喊我的小调
好想好想呼唤那只小鸟
与我一起吃早餐

一起去学校
一起玩游戏
那只小鸟那只小鸟
拍拍翅膀　眨眨眼睛
从我的视野里
飞远了　飞远了

黄昏里黄昏里
我站在我的阳台上
一个又一个地数着
马路上蠕动的人群
一辆又一辆地记着
车道里流动的车辆

那只小鸟那只小鸟
正好飞过我的阳台
它哀鸣着　它哭泣着
前盯盯　后窥窥
疲惫的疲惫的翅膀
拍动着拍动着
一阵一阵的惶恐

我挥一挥我的小手
很想很想让那只小鸟
跟我一起读报纸
一起看电视
一起交朋友
我喊一喊我的小调
很想很想带那只小鸟
跟我一起下下棋
一起猜猜拳
一起逛逛街
那只小鸟那只小鸟
小声地说小声地说
我不跟你在一起
因为人类不是好朋友

于是　在我居住的城市里
不再飞过一只小鸟

科学莎士比亚

有一个故事，说地狱和天堂都用比胳膊长得多的勺子喝粥。地狱中的人拼命把粥往自己的嘴里送，可是怎么也喝不到，饿得哇哇大叫；天堂的人都把粥往别人的嘴里送，天堂里每人都有粥喝，其乐融融。地球上人与自然也是如此，如果人类只为自己，捕杀动物，毁灭植物，环境恶化，就会把天堂变为地狱。关爱他人，关爱生命，哪怕是一只小鸟，都会使这个世界充满爱。

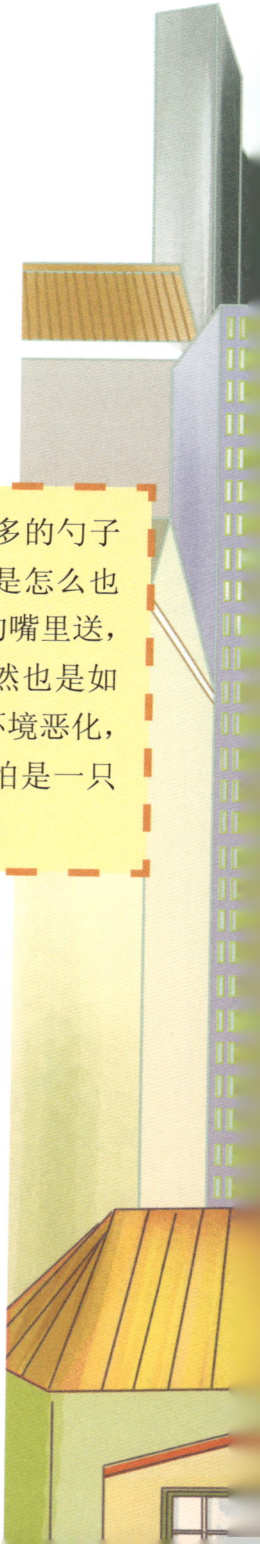

我的城市

在我的城市里
我常常看那一片小小的天空
为何它总是灰蒙蒙灰蒙蒙
是不是环卫阿姨忘记了清洗

我的老师曾经教过我
天空是辽阔的湛蓝的
可你瞧一瞧瞧一瞧
我的天空就这么小小的
我的天空就这么灰蒙蒙

在我的城市里
我常常找那一条浅浅的小湖
为何它总是黑糊糊黑糊糊
是不是调皮小孩把黑墨水倒了进去

我的奶奶总是告诉我
小湖是纯净的清冽的
可你看一看看一看
我的小湖就这么浅浅的
我的小湖就这么黑糊糊

我的城市
为何总是有那么多的噪音
陶渊明的世外桃源
哪里去了哪里去了

我的城市
为何总是有那么多的拥挤
李乐薇的空中楼阁
不见了么不见了么

我的城市
常常有塞车的焦急
常常有抢劫的恐慌
常常有麻将的声音扰乱我的思绪
常常有火警的笛音惊醒我的美梦
我的城市
故事真多烦恼也不少

我的城市
就像一个小笼子
遮盖了我的视野
困住了我的脚步
束缚了我的翅膀
削弱了我的豪情
好想好想冲出笼子
到大自然中
拜访山溪与小河
亲吻草儿与花朵
沐浴阳光与雨露
展望蓝天与未来

科学莎士比亚

太阳光是由七种颜色的光合成的，照向大气层的时候，气体分子对其中的蓝光和紫光散射能力最强，所以天空的颜色是蓝色的。如果地球上没有大气层，即使在白天，太阳与群星都挂在黑色的背景上。如果空气中尘埃或水汽比较多，尘埃或水汽对太阳光中各种颜色的光散射是一样的，因此天空会呈现出白色。当大气中的灰尘很多遮挡了太阳光时，天空就灰蒙蒙的。天气的好坏会影响人的心情，谁不想每天都能看到蓝天白云呢？

城市绿色

知不知道
我们城市的一隅
潜伏着一缕绿色
惹眼而生机

那天下午放学后
我走在喧嚣的街市上
构思着城市的绿色梦
我想让光秃秃的城市
披上绿装
我想让清脆脆的鸟语
进驻家园

一不小心　我就发现
城市一隅的绿色
它让我激动而兴奋
要知道　那一缕绿色
让人懂得
家园的渴望　生命的祈祷

摇曳着青翠欲滴
是那一缕绿色
装饰着黑夜美梦
是那一缕绿色
我的思绪
就从那一缕绿色
出发
如果那一缕绿色
能让我们的城市
不再喧嚣 不再灰暗
那该多好啊多好

相不相信
我们城市的一隅
成长着一缕绿色
美丽而希望

科学莎士比亚

有没有想过植物为什么是绿色？太阳光是由红、橙、黄、绿、蓝、靛、紫七种光构成，合成后是白光。白光照在物体表面，物体会吸收一部分，又反射一部分。我们看到的是被反射的光。如果物体把光全部吸收，它看起来是黑色的，如果全部反射，那就是白色。植物中的叶绿素吸收绿光最少，所以绿光被反射的最多，看起来就是绿色的。把作业本放好，把电视与电脑关掉，推开门，看看室外的满眼绿色，有没有觉得心中洒满春光？

邀你一起赴一个绿色的盛宴

小声点，
再小声点，
不要惊醒沉睡的每一棵绿草；
脚步轻点，
再轻点，
不要惊扰窃窃私语的花朵儿。
你看，
近一万亩的南方绿博园里，
满园的春色关也关不住，
那些枝枝丫丫，
还是诱不过春姑娘的邀约，
吵着闹着，
在元旦，
在新年的伊始，
说着嚷着，
都去赴一个绿色的盛宴。

这么多的绿花儿，
这么多的树苗子，
你开你的花，
我长我的枝，
都争得不可开交了，
还有几只锦鲤，
抖一抖尾巴就溅起了一池春水，

而那几只一直躲在“富龟屋”里的“龟王”也东张西望，
嘟嘟哝哝地，
说你们这些不懂礼貌的，
敢坏我“龟王”的美梦。

一园的绿色，
遮都遮不住了，
就干脆让它们怒放吧，
管它寒冬还是暖春，
一年四季都这么开着……
花儿艳艳的，枝丫绿绿的，
艳艳绿绿的都聚拢过来了，
你看，
坐着轮椅的老爷爷来了，
还有俏皮的小姑娘也来了，
这一园的绿色，
这个在城市中央散发出氧气的南方绿博园一下子就热闹了。

这一份绿色的邀请函，
在这个初春，
都让春风给发出去了，
你都收到了吗？
你都收到了吗？
我们邀请春雷一起擂鼓，

邀请春草一起摇旗，
还有蝴蝶在前面引路儿，
大家都赶趟儿来了，
带着亲朋，
还有好友，
像赶集一样来了，
我们一起赴一个绿色的盛宴，
看一看开满绿色的街道，
瞧一瞧铺满绿色的园子。

科学莎士比亚

春天里百花盛开，姹紫嫣红，争娇斗艳。花呈多种颜色，大多是因为花中有一种叫做花青素的物质，它随花中酸碱度的不同呈现不同的颜色。当花儿呈酸性时，是红色；呈碱性时，是蓝色。红色的花一般喜欢生长在阳光充足的地方，而蓝色的花大多喜欢在阴凉处生长。红色与绿色是互补色，意思是如果让红光与绿光以适当的比例混合就能合成白光。两种为互补色的颜色若是放在一起，会使彼此的色彩更加艳丽。所以，红花配绿叶，会使花更红、叶更绿。

给乡下的天空写一封信

握着笔杆子
给乡下的天空写一封信
记得贴邮票
点击鼠标还不行
千万不要马大哈
还要工工整整写上乡下没有门牌的土路和奶奶的姓氏
谁也不能再当一回“凡卡”

给乡下的天空写信
首当其冲要问候乡下的天空为何这么热
乡下的渴得垂头丧气
院子的狗儿时不时吐舌头
还有树上的知了
舌干口燥还喊着“热死了、热死了”
是不是奶奶糊涂了
忘了给它盖被子
让天空发了烧

给乡下的天空写信

别忘了问候柱在天顶的烟囱
你那黑乎乎的屁股
咋老翘得这么高
这么高
遮盖了半个屋顶
遮盖了半个太阳
屋顶的太阳还没下山就灰头土脸
逃到哪里去

给乡下的天空写信
再也不能用蓝幽幽的信笺
再也不能贴绿莹莹的邮票
奶奶说
乡下哪有这么蓝的天了
乡下哪有这么绿的地了
我的小祖宗啊
你早该回来看一看乡下被糟蹋的天空

科学莎士比亚

夏天一年比一年热，冬天却没有以前寒冷，我们的地球变暖了。变暖并不是好事，两极的千年冰雪会融化，海平面会上升，一些海拔低的地区将被淹没。科学家认为，二氧化碳的排放，地表植物覆盖率降低，环境的污染，都可能是全球变暖的原因。每度电、每滴水、每张纸的使用，都伴随着二氧化碳的排放。看看铅笔是否没有用完就扔掉了，看看饭碗里是不是还有一粒米，看看自己的袜子是不是还可以再穿一个月。节约的习惯，却可以让人受益终生。

天堂里一定有明亮的教室

这是初夏里的微风，
轻轻翻动着书页，
孩子们刚刚打开试卷，
正在找寻答案。
是谁，
突然把试卷撕烂了；
是谁，
不小心把答案弄丢了？
我的孩子，
你不能停止书写，
尽管是在天堂，
我的孩子，
你不能停止找寻，
尽管是在天堂。

我看见了你的小手，
沾满瓦砾；
看见了你的指甲，
已经泡白。
你要握住春风的纤手；
你要握住鲜嫩的生命。
可是，
我的孩子啊，

迟了，
迟了……

我的孩子，
其实你只是累了，
抱着试卷睡着了；
我的孩子，
其实你只是困了，
趴在课桌睡着了。
醒来，
你一定会继续找寻未开启的门，
醒来，
你一定会努力书写生命的画卷。
因为天堂里，
一定有明亮的教室。

科学莎士比亚

2008年5月12日14时28分04秒，四川汶川、北川，8级强震猝然袭来，在这场灾难中，涌现出无数感人的事件，四川绵竹东汽中学，教导主任（政治老师）谭千秋，为救四名学生，献出了51岁的生命，他在地震中张开双臂，以雄鹰展翅的姿势，死死护住桌子下的四个孩子，自己的后脑被楼板砸得深凹下去。四个孩子全部生还。

睡不着的鱼

这温床
风平　浪又静
舒舒服服
听说　很多人都羡慕着
饿了　张口就有美食
可乏了
我却怎么也睡不着

科学莎士比亚

学习工作了一整天，躺在软软的床上入梦，是很幸福的一件事。试想，如果一直在床上躺下去，那还会幸福么？无事可做其实是很痛苦的事情，剥夺了一个人为他人、为社会、为国家做贡献的权利，也就剥夺了他施展自己的才华，实现自己的价值。若是只知道吃喝玩乐，享受别人的劳动成果，那么，空虚的感觉会让人夜不能寐！快找一件有意义的事吧，克服困难，把它做好，快乐就立刻伴你左右。不信？你试试。

不会飞翔的鸟

天空
也就笼子这么大
拍拍翅膀
我就能摸到
天堂
何必还要
飞翔

科学莎士比亚

仰望天空，看斗转星移，有没有想过，宇宙到底有多大呢？现代科学已经证明，宇宙是有限的，但同时宇宙也是没有边际的。听起来有些矛盾，举个例子来说吧，在地球的表面走路，走一圈也找不到边界，这是因为我们是在一个二维的表面走，而不是因为地球是无限的。想离开地球，需要乘坐宇宙飞船。宇宙也是如此，我们在三维空间里，永远找不到宇宙的边界。也许，只有在更多维度的空间里，才能冲出宇宙。但是宇宙之外又是什么呢？

兽语

情愿
让你们
吃个
山穷
水尽
看看到底
谁是
怪兽

科学莎士比亚

野生动物身上有各种各样的寄生虫和病毒，如蛇，它的身体就是寄生虫大本营，身体上一团团的全是寄生虫。人类对野生动物张开大嘴时，病毒与寄生虫也随着它们的肉进入人的身体，千奇百怪的病随之层出不穷。吃野生动物不但不能强身健体，还有可能吃出传染病的大爆发。2003 年“非典”的流行就被怀疑与人们吃野生动物有关。动物是人类的朋友，当人类把其他动物吃光的时候，那将是一种怎样的孤独！本是同根生，相煎何太急！

房子

把窗关上
让心与心
隔离
再用电话
互相联系

把门闭上
让大自然
挡在门外
然后用电视
瞄瞄世界

科学莎士比亚

家是幸福的港湾，不是孤独的牢笼。喜欢大自然，却不肯迈出走向自然的第一步；想交朋友，却不肯主动与别人联系。独学无友，则孤陋而寡闻，学习是离不开朋友的。当你觉得学习索然无味的时候，有没有想过到朋友家里一起学习？当你又想玩电脑游戏的时候，有没有想到也可以和朋友去登山，去看海？何谓充实，何谓空虚，你体会到了么？走出去吧，外面的空间比房子大很多。

悲哀的土地

这是一块悲哀的土地
千百年来只能
在农人的弯腰里
把禾苗泡大
再在农人的挥镰中
把颗粒归仓

这是一块悲哀的土地
千百年来只能
让肥料
填补营养
或者让农药
驱逐灾害

这是一块悲哀的土地
千百年来只能
随原始森林的倒伐
而流浪
因野生动物的锐减
而孤独

这是一块悲哀的土地
千百年来没有
哭一声你的悲哀
也没有吼一声
你的愤怒
这是一块悲哀的土地

科学莎士比亚

提到污染，大家都想到工厂滚滚的浓烟和臭气熏天的污水，这是工业污染。其实，现在我国的农业污染也非常严重。农药与化肥的大量使用，使土地资源和水资源受到严重污染。化肥中的亚硝酸盐和农药中的有毒物质会通过食物进入人体，引发癌症、心脑血管疾病及其他疾病。因此，在菜市场上买回水果蔬菜时，一定要反复清洗。

酸雨

下雨啦　下雨啦
妈妈开开门　我要出去
我想染染发　让金黄色变成绿色
当一个绿小孩

奔啊　跑啊
我要追上窗外的火车
可是　它在落光叶子的森林里停了下来
那里不是站台　而是铁轨被腐蚀了

科学莎士比亚

工厂大烟囱的含有酸性气体的烟和汽车的尾气排放在空中，与大气中的水蒸气结合形成酸雨。什么是酸？最容易见到的酸莫过于家里的食用醋了。可以在妈妈做饭的时候尝一点，感觉一下味道，这里面就是醋酸。找一个小杯子，放上一只小铁钉，过几天，看看小铁钉有没有变化。除了醋酸，还有硫酸、硝酸等，这些酸是绝对不能吃的，用手碰也不行。酸雨降下来会腐蚀金属，破坏土壤，伤害植物，并污染水源，使动物和人的饮用水含有大量有害物质，最终影响人类的健康。酸雨落在人的身体上也是有害的，我们出门的时候，要避免被雨直接淋到皮肤上。

洪水

一名男孩在印度东部西孟加拉邦的巴纳格尔附近的公路上晾晒被洪水浸湿的大米……

一场洪水
于梦的边缘
袭来
我枕边的美梦
堆沓着
湿淋淋的大米

阳光　很干
可是我的大米呵
很湿　很湿
挂在我饥饿的眼际
公路　很干
为何我的大米呵
还湿　还湿
躺在我软弱的脚下

大米呵　我生命的母亲
洪水给你湿淋淋
阳光给你烘干干
而我能给你什么

科学莎士比亚

暴雨、冰川的快速融化都产生大量的水，因为水太多了，河流无法把它们及时带到大海之中，这些水在河中溢出，甚至冲毁河堤，铺天盖地涌向村庄和城市。这就是洪水的暴发，平时熙熙攘攘的街道，变成了飘着垃圾的大河。洪水到来前，电视台和广播电台会提醒大家注意安全或撤离家园，此时，一定要和爸爸妈妈在一起，千万不要到处乱跑，因为危险就在眼前！

春雨

叮叮咚咚
是天上的孩子闹脾气吗
把盆碗敲得
这么响

滴滴答答
是云姐姐在表演吗
把钢琴弹得
这么动听

缠缠绵绵的雨声
是春姑娘美好的心愿
淅淅沥沥的雨点
是秋妈妈丰收的祈祷

科学莎士比亚

春天，气温回升，万物复苏，农作物生长加快，急需水的滋润，所以才有“春雨贵如油”之说。春雨一到，农忙也就开始了，人们由冬季的“早睡晚起”，变成了春天的“早起晚睡”，田野里一片繁忙的景象。“一年之计在于春”，在这崭新的季节里，也给自己拟一个计划，播下希望的种子，然后努力拼搏，争取在秋天到来时有个好的收获。

想踩住自己影子的孩子

我一脚
狠狠踩下去
还是
踩空了

我一脚
快速踩出去
还是
踩空了
我踩得越快
它就闪得越快
总是在一刹那
它就成功逃脱

干脆不理睬它
可我走到东
它跟到东
我跑到西
它已在西的前边
等着我

科学莎士比亚

光线照到不透明的物体上无法穿过，因此物体的后面就形成了影子。中午，大楼的北面是大楼的影子，在大树下面，是叶子的影子。太阳落山以后，我们就进入地球的影子。炎炎夏日，走在影子里才会感到丝丝凉意，我们怎样才能一直走在影子里呢？撑一把伞，你就一直在伞的影子里，太阳就晒不到你啦！你是否记得，是谁为你撑起第一把伞，你的第一把伞，又是为谁撑起？

城里的公园

城里的公园
说有大树有大树
说有小湖有小湖
而我总是觉得
缺少了什么

城里的公园
要有花朵有花朵
要有鲜果有鲜果
而我仍是觉得
缺少了什么

城里的公园
想有飞机有飞机
想有卡车有卡车
而我还是觉得
缺少了什么

缺少了什么
问妈不知道
问爸不知道
只有我清楚
缺少了自然

科学莎士比亚

公园里的假山为什么会是这个样子呢？是因为人用石头把它砌成那个样子的。郊外的大山为什么是这个样子呢？是因为它本来就长成了这个样子。没有人干预的，就是自然的，有人干预的，就是人工的。地球是自然的，太阳也是自然的。到陌生的城市，那些大楼都很熟悉，到陌生的郊外，那些山，那些水，都特别新鲜。街道上，下一个路灯肯定与这个路灯是一样的；走在山路上，下一块怪石和这块怪石一样么？自然的，总是最美的。

沙尘暴

挥一挥
斧头
把遍地的
森林
赶走
让尘沙
成了这里的
主人
看你还敢不敢
山红
水绿

科学莎士比亚

风吹向森林，那些参天大树晃晃头，风就小了很多。风吹向草地，就如吹向水面，等风一过，小草又抬起头来。树根和草根，都深深地扎入土壤，把土壤抓得紧紧的，风只能把绿树和小草光合作用生成的氧气带向远方。然而，树木，被伐掉了；草地，被破坏了。土地就暴露出来，被太阳晒成干干的粉末，大风就毫无阻碍地携带着沙尘奔向远方。

铁匠

一双硬手
一把铁锤
一条汗毛巾
便是全部的家产

一年四季
你以一种单调的韵律
锤打着日子
喂养着背后的家

每一锤的力量
足以
托起生活的重荷
你的背后
孩子们咬着艰辛
悄悄茁壮

握着铁锤
你便握住了一生的命运
每一锤
都把生活锤打得
有棱
有角

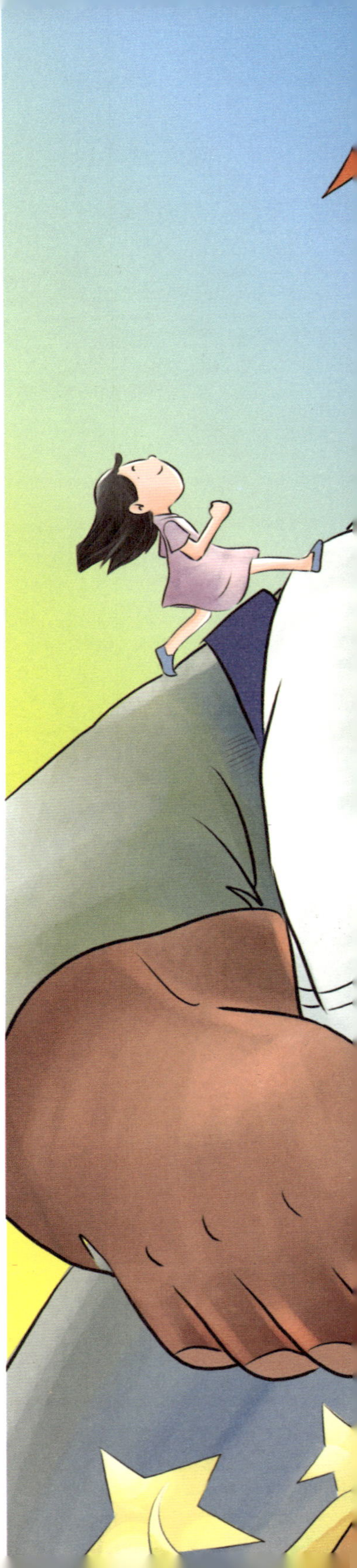

科学莎士比亚

铁匠把一块废铁放在匠炉的熊熊烈火之中，烧得遍体通红，再夹到铁砧上，抡起大锤，用力敲下去，火星迸射，响声震天。一锤，两锤，三锤……几十锤乃至几百锤之后，它变得有用了，可能是砍柴的斧头，可能是锄地的锄头，也可能是武士悬挂在腰间的佩剑……一个人的成长也是如此，每一次挫折都是击向我们的锤头，经过千锤百炼，才会变成对国家和社会有用的人。

漂水花

一块一块的石子
神奇地在水面
跳跳蹿蹿
一下
两下
……
六下

一眨眼
石子不是沉下去的
绝不是
它奔向了海的那边

海的那边
是岸
是石子的家

科学莎士比亚

找一块扁扁的小石头，形状像个小烧饼，像芒果也行，让它像飞碟一样掠向水面，会看到什么景象？它没有沉下去，反而被水面弹起来，又跳向前方。这是一个有难度的动作，与航天飞机返回进入大气层有异曲同工之处。石头的飞行方向与水面有个角度，角度太大，石头“扑通”沉入水底，角度太小，石头飞出很远才接触水面，飞行速度降低，水面无法以足够的力使石头反弹，石头也会沉下去。航天飞机在返回大气层时，如果角度不对，有可能进入大气层后烧毁，也可能被“弹”出去，再也回不到地球。其实无论是工作还是学习，一定寻找一个合适的角度，这样才能达到理想的效果。你的角度，找对了么？

一粒种子

一粒种子
被风儿遗弃在荒坡野岭
自此　自己品尝
寂寞与孤独

风也风过
雨也雨过
它不再自怨自艾
于是　倔强地
长成一棵大树
在荒原上
站成一帧激人的风景

科学莎士比亚

种子是很神奇的东西，它内部含着生命的雏形，我们把这个最初的生命体叫胚。种子中还有胚乳，是给胚准备的粮食；有种皮，保护着胚的安全。当温度和湿度适合的时候，胚就开始发育成长，生命的进程也就开始了，最后会长成一株完整的植物。植物长大以后，又会长出很多果实，在果实之中我们会得到很多种子。这些种子又可以繁殖成更多的植物，收获更多的果实。人们常把理想比喻成种子，你有没有理想的种子？用汗水和心血去浇灌吧，你的理想就会发芽、开花、结出累累硕果。

春天，从这里出发

一棵裸露的枝头
绽出了笑脸
一条僵硬的河流
淌出了歌声
春天
从这里出发

一朵雪花
化成了水滴
一只燕子
衔回了新泥
春天
从这里出发

父亲的犁铧
重新深入土地
牧童的笛声
重新响彻山坡
春天
从这里出发

春天，从这里出发
寻一路的绿色
洒一路的祝福
我们
与春天一起出发

科学莎士比亚

燕子是春来秋去的候鸟。秋天，燕子爱吃的飞虫很少了，又不喜欢吃粮食或树叶，为了解决温饱问题，就到南方过冬。南方是哪里呢？并不是长江以南就可以，而是会飞过千山万水，到达我国最南部的陆地，甚至东南亚国家。异国他乡的日子并不好过，等到北方春暖花开，燕子又呼朋引伴，飞上茫茫归途。经过无数的城市与村庄，燕子能准确找到在农家堂屋梁上或房檐下的旧巢，并啄取春泥，把半年不用的旧巢修复得焕然一新。燕子是益鸟，每年吃掉非常多的害虫，因此人们自古就爱护燕子，并认为燕子在自己家筑巢会带来幸福，即使燕子把自家弄脏也不以为意。春风中，看燕子轻盈在嫩绿的杨柳枝头掠过，是否引起无限遐想？

卖冰棍的男孩

卖冰棍的男孩
你推着一个冰冷的世界
来到了浮躁的南方
南方从此便有了诗意

那别致的冰箱啊
装着男孩美丽的梦幻
来到了燥热的都市
都市从此便有了凉意

那嘹亮的叫卖声啊
诉说着童年的苦涩
那纯真的眸光
写意着漂泊的倦意
男孩　冰箱　叫卖声
组成了夏天的主旋律
在离课堂很远的地方
扮演着一个流浪的故事

你愿四季都是夏天
你愿每日都是高温
你愿人生都是甜蜜
你愿……

卖冰棍的男孩啊
你出卖了一个冰凉的世界
而冰凉的世界
也出卖了你

科学莎士比亚

20 世纪 80 年代的夏天，骄阳似火。一辆自行车，后座上固定着一个白色的箱子，里面会有一个软软的白色的小被子，被子下面放着冰棍，这就是卖冰棍所需要的基本家当。那么为什么放冰棍的箱子是白色的呢？上面又盖着被子呢？白色反射掉了大部分阳光，被子是隔热的，尽可能把夏日的滚滚热浪挡在箱子外面，这样里面的冰棍才不容易融化。随着冰箱冰柜的普及，很少能看到推着自行车走街串巷卖冰棍的人了。

上网

用鼠标
把世界的窗
踹开
再把自己
扔进去
玩上一夜

出来就感叹道
世界
也不过
如
此

科学莎士比亚

网络的世界就像一个海洋，无边无际，它可以让你的船满载珍宝而归，也可能让你的船沉入海底。点一下鼠标，就会有“金银财宝”，再敲一下键盘，就会成为“世界之王”。这一切都是虚拟的，随心所欲做任何事而不用承担责任，最易让人沉迷其中。沉迷之后大脑将不再区分虚拟的世界和现实的世界。因此，要把网络变成取之不尽用之不竭的知识资源宝库，使用搜索引擎来使自己更充实，千万不能放出“虚拟享乐”的魔鬼，把它放出来，就很难再收进去了。如果，你真的爱网络，那么，你就让自己当一个网络的建设者，学习计算机语言，制作出漂亮的网页和引人入胜的游戏吧。

孩子的星星

我是一个小孩
每晚在乡下的院子里
数星星
一颗、两颗、三颗……

我是一个小孩
每天在乡下的天空下
玩过家家
一家、两家、三家……

你家有三个小孩
我家有三个小孩
叽叽喳喳
奶奶说，地上的孩子
跟天上的星星一样多

这颗星像妞妞
那颗星像牛牛
我们又在仰望星空
寻找那颗像我们的星星

一颗、两颗、三颗……
数也数不清
奶奶说，每一个小孩
都拥有一颗自己的小星星

科学莎士比亚

夜空中，能看到的星星，绝大部分是恒星，很多都比太阳更大更亮，只是它们离地球实在是太遥远了，所以看起来远不如太阳这样光芒万丈。离我们最近的恒星就是太阳，离太阳最近的恒星叫比邻星，它发出的光照到地球上需要四年多，如果乘飞船去一趟需要十多万年。天空中最亮的恒星是天狼星。恒星的生命是以亿年、十亿年来计算的，人的生命相对恒星的生命，只是短短的一瞬间，然而，人类的生命是宇宙最神奇的杰作。

手表

伸出你的左手
别动　别动
让我给你画一只手表

圆圆的表盘很细致
还有那个指针很精巧
趴在手腕上　惟妙惟肖

还差一条表带
该画皮革呢还是橡胶
否则它会掉下来

转转手腕看时针
坏了　坏了
课间十分钟已到了
都怪这个手表害得我们又迟到

科学莎士比亚

时间是很奇妙的东西。地球围绕太阳公转一圈，一年过去了；地球自转一圈，一天过去了。手表上的秒针转一圈，一分钟过去了。手表中有两个部分是必不可少的，一个是振动部分，另一个是能量供给部分。什么是振动呢？找一段细线，在它的一端拴一个小小的重重的物体，另一端挂在高处，让它轻轻摆动，你会发现，它每摆动一次的时间是固定的，测出这个时间，就可以用这个装置来计时了。手表中会用到游丝或石英的振动来计时，虽然更复杂，但道理是一样的。能量则由发条或电池来提供。时光匆匆，所有的日子都一去不回，每一天怎能不认真度过？

牵牛花

谁都这么叫它“勤娘子”
公鸡刚刚啼过头遍
它就爬啊爬
爬上紫藤架
长长叶，开开花

可我就是不喜欢它
老缠着我家的旧墙角
还挂个大喇叭
到处吹嘘自己的花
太阳公公都觉得脸红啦

科学莎士比亚

牵牛花长得像小喇叭，所以又叫喇叭花，有紫色的，有蓝色的。牵牛花的确很勤劳，凌晨四点左右，我们还都在睡梦中的时候，它开花，中午的时候花谢。牵牛花喜欢爬高，它的茎触到直立的物体就会缠绕着向上爬。牵牛花的种子可用做中药。有的牵牛花是野生的，在广阔的田野里看到牵牛花，与城市盆栽的牵牛花带来的感觉是完全不同的。也许，牵牛花有喜爱“炫耀”的缺点，可是哪种花儿是尽善尽美的呢？我们就原谅她吧。

火柴

即使不能站立
我也要挺直腰板做人
即使都是挤在一间狭小的斗室
可谁都没有怨言也没有发火

只要打开斗室的门
我们随时准备发表
人生仅有的一次言论
那是火花的宣言
那是光芒的誓词

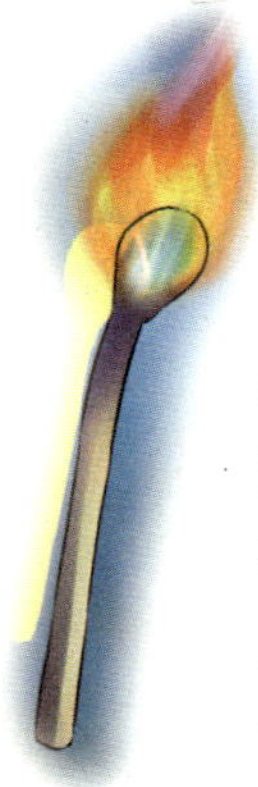

科学莎士比亚

在使用蜡烛与油灯的年代，火柴是每家的必需品。一根火柴的粗细如较细的圆珠笔芯，长短如大拇指，用木料制成，它的一端涂氯化钾、硫黄等。若干根火柴放在同一个硬纸盒里，纸盒的侧面有红磷涂层。使用时，用火柴带有化学材料的一端快速摩擦盒子侧面的涂层，火柴就被点燃，可以点燃蜡烛或其他可燃物，火柴就在这短短的时间里完成了自己的使命，实现了自己的价值。

垃圾

他们走过我的身边
脚步又加快了　还掩着鼻子
一脸的不屑　还有厌恶
真是让人难过

它们飞到我的身上
翅膀停下来了　还嘤嘤嗡嗡的
口水流满地　肚皮胀鼓鼓

我只是垃圾　别这么歧视我
回收站也有我的归宿
那些化腐朽为神奇的人
还把我当宝贝呢

科学莎士比亚

有人说，这个世界上没有绝对的垃圾，只有放错地方的资源。垃圾，可分为可回收的与不可回收的。可回收的有纸（不包括卫生纸等擦拭类用纸）、塑料、玻璃、金属、布料，这些通过处理后都以很低的成本重新生产，如用旧纸生产出新纸，用废塑料生产出新的塑料用具等，但这种生产是按照国家相关的规定来处理的，而不能私自由旧变新地生产。不可回收的有厨余垃圾（剩菜、果皮、菜叶等），有毒垃圾（旧电池、颜料等），其他的垃圾（卫生纸、餐巾纸等）。如果将可回收的与不可回收的放在一起，那可回收的也无法回收了。所以，要养成垃圾分类的好习惯，也是对资源的充分利用和保护。垃圾分类，从我做起。

电

爬过这条山沟
山村就亮堂起来了
越过这片森林
风扇就转动起来了

让黑暗的山旮旯光明起来
让冰冷的夜晚温暖起来
无论是山那边的山　还是水那边的水
决不畏惧遥远和艰险
我都会上路

我是电　全身长满光的翅膀
我是电　血管流淌火的热情
从城市到乡村　从乡村到城市
让电的生命绽放光芒

科学莎士比亚

电是一种神奇的能量，它几乎能同时点亮一条街道上所有的路灯，从打开开关到白炽灯点亮，几乎一瞬间。电这种能量的传递速度实在太快了，和光的速度相同，每秒钟走30万千米。电的传输也相对简单，石油和天然气需要管道，而电只用金属线就可以了。电的用途很广泛，试想如果没有了电，家里的电视、电脑、冰箱、洗衣机、微波炉、手机等就都不能用啦，甚至连水都无法送到。人类对电是如此依赖，也引发了一系列的环境（如电厂污染）、社会（如人们都在家里上网看电视导致人与人之间关系冷漠）的问题。世界自然基金会向全球发出的一项倡议，呼吁个人、社区、企业和政府在每年3月份的最后一个星期六熄灯1小时，以此来激发人们对保护地球的责任感。

变电站

变压器说
为什么总是把我丢在荒山野岭
电线说
至少还有我陪你啊
变压器说
你听你听那是什么声音
电线说
村小的孩子们在读课文——
“有了电，多方便；电的用处说不完。”

变压器说
其实我们并不孤单
电线说
你一会把电压升高
一会把电压降低
可把我忙坏了

科学莎士比亚

自来水有一定的压力才能流动，电与之类似，称为电压，其高低用多少“伏特”（伏）来表示，比如我们平时用的干电池的电压为1.5伏，我国家庭使用的电灯、插座里的电压为220伏（美国家庭用电为110伏）。220伏的电压对人是有很大危险的，所以不能用湿手或拿着金属物体靠近插座或用电器。一般家用干电池和手机电池电压很低，对人没有危险。在电的输送过程中，人们发现高压输送时可以降低在输送过程中的损耗，因此，在传输前在电厂把电压升高至几千伏，几万伏或几十万伏甚至更高，到目的地后，再把电压降到我们平时使用的电压。把电压升高或降低的地方就是变电站。

汽油

我不就是油了一点嘛
怎么也不至于“油头滑脑”的
粘一下手　也别这么厌恶嘛
倒一点洗手液　就干净了

我还是去找一下汽车叔叔吧
那才有共同的语言
轰隆隆　轰隆隆
我们就像好久不见的老朋友说个不停

那台发动机更是欢快
转啊转　还唱起了歌儿
一会加速爬坡　一会低速行车
我跟上跟下　喘出一缕缕轻烟

科学莎士比亚

汽油是汽车和其他机器的“食粮”，如果没有了汽油，那所有的汽车就都没有办法开动了。汽油中含有多种成分，有的成分很安全，汽车使用非常有力，而有的成分在使用时则不是那么好。为了表达这种区别，加油站的汽油有不同标号，常见的有 93 号汽油和 97 号汽油，97 号汽油汽车用着更安全，动力更足，价格也相对高一些。不同的汽车对汽油的要求是不一样的，如果一辆汽车要求使用 97 号汽油，加 93 号汽油的时候就会对汽车发动机有损害，也不能发挥汽车的性能。看一下你家的汽车，用多少号汽油。

Oil

年轮

一个句号　又一个句号
绕啊绕　绕啊绕
绕得我在森林里迷了路

一箍套着一箍　一环扣着一环
套啊套　扣啊扣
变成手里滚的铁轮

推着铁轮滚啊滚
滚出一岁又一岁大树的年龄
滚出一个又一个地球的秘密

科学莎士比亚

有季节变化的地区，树木从春天开始生长，经历夏季和秋季，进入冬季树木基本停止生长完成一个周期，来年春天开始新的循环。把树木横向锯开，就能发现有一个套一个的环状印记，这就是年轮。在常年高温的热带地区，树木不会停止生长，因而一般也不会有年轮。根据树的年轮，可以看出哪些年长得快，哪些年长得慢，甚至可以记录哪些年发生过自然灾害。年轮，是树生长的证据，每当一年快要结束的时候，我们是否也思考一下，这一年究竟做了什么呢？

甘蔗

在春天　母亲携着蔗种
连同希冀种植入泥土
而后　母亲披着晨露
在蔗园里深入浅出
除草　施肥　日落才息
披着咸咸的月色归家

甘蔗生长在一种深沉的祝福里

甘蔗拔节的声音
是母亲弹拨田间的五线谱而发出的
激越动人的音符
曾经醉倒多少游子

金秋时节
我擎着一根熟透了的甘蔗
轻轻地　轻轻地咬一口
便品尝出
那是母亲的辛劳

科学莎士比亚

甘蔗中含有丰富的糖分、水分，还含有对人体新陈代谢非常有益的各种维生素、脂肪、蛋白质、有机酸、钙、铁等物质，主要用于制糖，现广泛种植于热带及亚热带地区。在挑选甘蔗时，不能选被真菌感染的甘蔗。否则，吃后会引起呕吐、抽搐、昏迷等中毒症状。

柳树

弯腰
又直腰
忙乎了一天
就是为了给池塘
梳一个美丽的辫子

台风一来
辫子一下子
全散了
柳树
白忙乎了

科学莎士比亚

公路旁，小溪边，柳树随处可见。这是因为柳树适应性强，不但耐涝、耐旱，而且栽种简单易活，截一段树枝插到土里就可以了，“无意插柳柳成阴”说的就是柳树这种特点。柳树外观很柔美，可美化环境，济南就有“四面荷花三面柳，一城山色半城湖”之称。仔细观察，就会看到柳树是开花的，它的花是淡黄色的。柳树的种子上带有茸毛，就是柳絮了，会在暖暖的春日四处飘荡。柳树的树身晒干后不易变形，是可以用于建筑的木材。柳树的树皮还可作为药材。

帮倒忙的鸭子

春风好不容易才把
河面的落叶
一片一片地
拢到河边
干干净净

一群“嘎嘎嘎”的鸭子
嚷着　要当春风的小帮手
他们的泥腿子
一进入河面
落叶逃也似的
又散满了河面

科学莎士比亚

鸭子的脖子很长，嘴巴很扁，常用嘴巴在身上抹来抹去，它是在把尾部分泌的油脂和胸前分泌的一种“油粉”抹在全身的羽毛上，这样到了水中羽毛就不会湿。在手上涂抹了油，手也不会被水弄湿是同样的道理。找一块蜡烛，用力在白纸上写字，然后用黑墨水向纸上涂抹，会看到字的地方无法涂上墨水，白色的字就能看清了。鸭子的眼睛向外突出，不用转头就能看到后面的景物。

风是一个坏小孩

风扯掉了我的红领巾
风吹走了我的作业本
风还差点砸烂了教室的玻璃

风扭伤了校道小花的腰
风咬疼了窗外小草的脸
风还连根拔起科学园的小树

全班同学忍无可忍了
纷纷冲出去　嚷着要揍它一顿
风吓得跑掉了　无影无踪
“哼，风这个坏小孩！”

科学莎士比亚

地球的自转和不同地区受热不均是风形成的主要原因。风会把热量从热的地方带到冷的地方，使热的地方不至于过热，冷的地方也不至于过冷。风的用途很大，是下雨下雪的主要原因，没有风，也就没有冷空气与热空气的交会，从而无法形成降水。风还可以传播花粉，促进植物的繁殖。龙卷风和沙尘暴会给人类带来灾难，这时的风会变得非常可怕。无论如何，地球上总是需要风的，如果没有风，将会是一个怎样沉寂的世界？

后记

与孩子们一起读绘本

在一棵长着茂密绿叶的古树下，一群孩子赤膊围在一起，翻看一本又一本黑白连环画，还不时为画册里的人物争得面红耳赤，就差没打起来了……这是永远留在我的记忆里的画面，至今已整整过去了 20 多个年头。

我是这群孩子里的一员，在那户稍微富有的人家门前的古树下，他家孩子搬出了装得满满一抽屉的连环画，跟我们这群还流着长长鼻涕的孩子一起翻啊看啊，津津有味，这是我的乡村童年里无法磨灭的回忆。

我家孩子何响出生在城市，四个多月的时候，常常坐在客厅的凉席上玩耍。突然有一天，我发现自己未曾给他买过什么玩具，于是，顺手将一册绘本扔在他的面前。他伸手翻了一下，又翻一下，眼神似乎亮了，用手指着丰富多彩的画面，"呀呀——"地叫……

这是何响第一次接触绘本的镜头，虽与 20 多年前的我喜欢上连环画不可同日而语，但连环画也好，绘本也好，滋润孩子的心灵，未曾改变过。在此之后，我将一套四本的绘本一直放在席上，让他随便翻，让他随便撕。如今这套书已破破烂烂，15 个多月的他却喜欢上了绘本，也认得了不少的画儿。

这本绘本所选的50首科学童诗，是我为6～12岁的孩子们定做的。短小、精悍，朗朗上口，适合朗读。如果您是家长，购买了本书，记得不厌倦地做“亲子阅读”，为您的孩子大声读。通过大声朗读，孩子也会跟着读，这是培养孩子阅读兴趣的招数之一。

值得一提的是，这本书里，也有一部分作品是我在读高中时所写。比如《树之祭》、《河之泣》、《鸟之惑》。这三首诗是《儿童文学》杂志首次在最权威的“文学佳作”栏目刊载中学生作者的作品，并配发“评论文章＋作者简介＋照片”。其中，《树之祭》在2011年还入选了全国10首科学诗（科学普及出版社举办），挂在北京四号线地铁上宣传环保知识，并在清华大学大礼堂内被《西游记》中女儿国国王扮演者朱琳老师深情朗诵过。

就像一个即将出生的孩子，这本书很快就要跟读者见面了。此时此刻，我既激动又忐忑。感谢新浪微博（这算是植入广告吗？），让我与科学普及出版社副总编杨虚杰、编辑张雯鑫结缘，感谢她俩的辛勤付出；感谢科学普及出版社编辑李惠兴给每首诗添加的独具匠心的注解，为本书增添了科学色彩；感谢插画师张晓鹿，她充满童趣的绘画，使本书栩栩如生；感谢儿童文学界前辈金波、樊发稼、伍美珍、安武林、徐德霞的倾情推荐，让我更有力量前进。

何腾江